AF460676

OSSIAN CADET,

OU

LES GUIMBARDES,

PARODIE DES BARDES,

VAUDEVILLE EN TROIS PETITS ACTES

QUI N'EN FONT QU'UN;

PAR MM. DUPATY, CHAZET ET MOREAU.

Représentée pour la première fois, à Paris; sur le Théâtre du Vaudeville, le 11 Thermidor, an XII. (Juillet, 1804.)

Prix, 1 fr. 50 c.

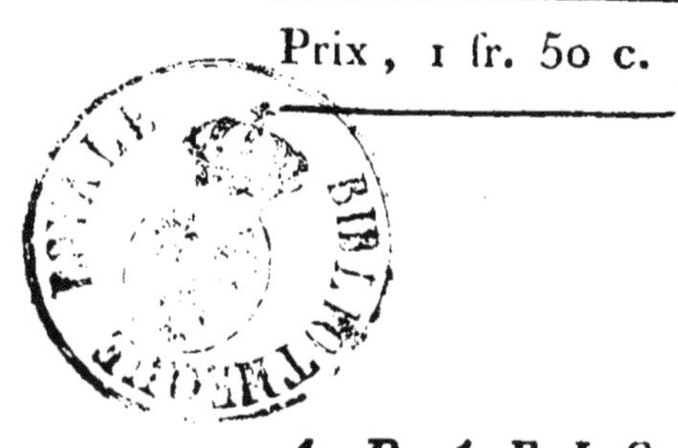

A PARIS,

Chez Mme. MASSON, Libraire, Editeur de Pièces de Théâtre, rue de l'Echelle, N°. 558, au coin de celle St.-Honoré.

AN XII. (1804.)

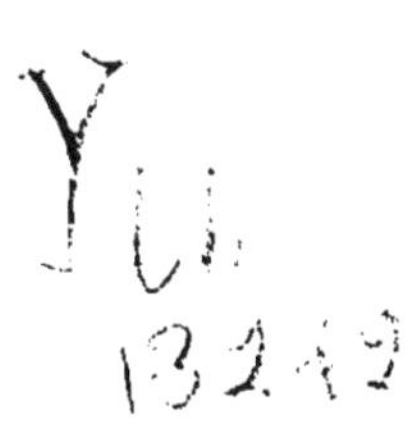

PERSONNAGES.	ACTEURS.
ARLEQUIN-OSSIAN, ancien maître d'école.	*M. Laporte.*
NON-CALMO, chef d'une manufacture de Guimbardes.	*M. Lenoble.*
GILLES-BANNAL, son Fils.	*M. Edouard.*
QUIVALA, son premier garçon.	*M. Hyppolite.*
MATAMORE, sergent de Sapeurs Invalide.	*M. Fichet.*
ROSE-MALADE, Fille de Matamore.	*Mlle. Delisle.*
INUTILE, sa Confidente.	*Mlle. Legrand.*
HAGARD, ouvrier de Non-Calmo.	*M. Carle.*
OUVRIERS BASQUES.	
JEUNES FILLES DU PAYS BASQUES.	
MAITRES D'ÉCOLE, AMIS D'OSSIAN.	

La Scène se passe dans un Village du pays Basque.

Nota. Les Acteurs sont en tête de chaque scène, tels qu'ils doivent être placés au Théâtre, le premier tient la droite des Acteurs.

OSSIAN CADET,

OU

LES GUIMBARDES,

PARODIE DES BARDES.

Le Théâtre représente une place de village ; à droite de l'acteur, une maison et un écriteau sur lequel on lit : LE NOTAIRE ANODIN. *Il fait nuit, les Basques sont rangés sur leurs portes, ils jouent de la guimbarde au lever de la toile.*

ACTE PREMIER.

SCÈNE PREMIÈRE.

CHOEUR D'OUVRIERS BASQUES.

UN BASQUE.

Déjà de l'aube matinale
L'éclat nous annonce le jour,
Déjà plus d'un oiseau signale
Ses vœux, son espoir, son amour.
Déjà l'aurore aux doigts de rose
Brille sur l'horison serein !..
Où pour dire en français la chose,
Il est quatre heures du matin.

CHOEUR.

Où pour dire, etc.

(Le jour paroît par dégrés.)

UN AUTRE BASQUE.

Air : *Sur un sopha.*

Basques saisissez vos guimbardes,
Soyez toujours originaux,
Pour différer des anciens Bardes,
Tâchons d'imiter les nouveaux.

CHOEUR.

Pour différer, etc.

SCENE II.

BASQUES, QUIVALA.

QUIVALA, *(arrivant.)*

Maintenant à mon tour.

TOUS.

C'est juste, cher Quivala.

QUIVALA, *(prose en récitatif.)*

« Mes amis vous savez tous ce que je vais vous dire, « mais dut-on dire que je ne sais ce que je dis, je vais « toujous vous le redire !.. »

TOUS.

Nous écoutons.

QUIVALA.

Vous savez donc que mon ami Arlequin, Ossian Cadet, maître d'école de ce village, musicien très-agréable, poëte de campagne.

UN BASQUE.

Oui, on dit qu'il bat la campagne.

QUIVALA.

Il la bat quelquefois, mais c'est égal.

Air : *Du Sorcier.*

Cet habile maître d'école,
Dans ses rêves mélodieux,
Tour-à-tour donne la parole,
Aux zéphirs, aux diables, aux dieux,
En vers, tous les jours il s'escrime
Et jamais poëte chantant
N'en fit tant...
Tant, tant, tant, tant...
Laissant la raison pour la rime,
Si cela dure, il vous fera
Un opéra.

TOUS.

Ça ce pourroit bien.

QUIVALA.

Qu'on citera pour la marche.

UN BASQUE.

Dites donc pour les marches.

QUIVALA.

Mais pour en revenir à Ossian Cadet, vous savez

que le fougueux Non-Calmo jaloux de ses succès, dans le grand, art de jouer de la guimbarde, l'a forcé de s'éloigner avec son ami le sergent Matamore, et s'est fait nommer, à sa place, chef de la manufacture qui fournit tout le pays Basque.

Air ; *De Calpigi.*

Moi d'Arlequin l'ami fidèle,
J'espère lui prouvant mon zèle,
Quelque jour défendre ses droits.

UN BASQUE.

C'est bien d'un ami d'autrefois.

QUIVALA.

Mais à ses vœux le sort s'oppose
Il faut bien faire quelque chose,
Et je sers chez son ennemi:

UN BASQUE.

C'est bien d'un ami d'aujourd'hui.

UN BASQUE.

On ne conçoit pas trop cette conduite-là.

QUIVALA.

C'est égal, nous devons rester fidèles à Ossian.

UN BASQUE, (*récitatif.*)

« Parle, nous quitterons l'instrument pour les armes.

QUIVALA.

« Je vous reconnois bien dans ces momens d'allarmes,
« Des Basques la devise est facile à saisir,
« Et fut dans tous les tems de vaincre ou de courir.

TOUS.

Il a raison.

QUIVALA.

Voilà pourtant où nous en sommes. Je vous le demande, avons-nous sujet d'être gais ?

TOUS.

Non certainement.

QUIVALA.

En ce cas, chantons... Mais voici Gilles-Bannal.

UN BASQUE.

C'est une bête.

QUIVALA.

Son père aussi. Silence devant Non-Calmo.

SCÈNE III.

LES PRÉCÉDENS, NON-CALMO, GILLES-BANNAL.

CHOEURS D'OUVRIERS.

NON-CALMO, *(récitatif.)*

« Que le chant d'himénée avec le jour commence.

QUIVALA.

Ils vont chanter aussi.

GILLES-BANNAL.

Eh! pourquoi pas.

TOUS.

Eh ! bien, chantons tous.

CHOEUR.

Air : *Chantons, l'hymen.*

Chantons l'hymen, chantons l'amour.
Chantons la nuit, chantons le jour,
Chantons au départ, au retour,
Chantons ensemble, ou tour à tour.

GILLES-BANNAL.

Chantons dans l'allégresse,
Chantons dans nos discours,
Chantons dans la tristesse,
Enfin chantons toujours.

CHOEUR GÉNÉRAL.

Chantons, etc.

NON-CALMO.

C'est dignement célébrer la nôce de mon cher fils Gilles-Bannal avec la fille de Matamore.

QUIVALA.

Quoi! vous êtes décidé à donner la fille de Matamore à Gilles-Bannal.

NON-CALMO.

Vous venez de l'entendre, il n'y a qu'un cri là-dessus.

QUIVALA.

Mais songez-y donc.

« Du fameux Ossian, cette fille a les vœux.

GILLES-BANNAL.

J'ose être le rival de l'Ossian fameux.

QUIVALA.

Craignez son retour.

GILLES-BANNAL.

Que nous importe le retour d'Ossian, nous ne le connoissons pas, et quand il arrivera, tout sera fini.

SCÈNE IV.

LES PRÉCÉDENS, HAGARD.

HAGARD.

Non, tout ne sera pas fini; car je viens vous anoncer que les maîtres d'écoles des environs arrivent pour faire une demande (*récitatif.*) en son nom!

QUIVALA.

Je propose qu'on les écoute.

NON-CALMO.

Les recevrons nous.

CHOEUR.

(*Ils imitent les grands gestes que l'on fait à l'opéra.*)

Air :

Non, non, non, non.
Si, si, si, si.
Non, non, non, non.
Si, si, si, si.

NON-CALMO, (*à Quivala et à Hagard.*)

Eh! bien, allez les prévenir que je consens à les recevoir.

SCÈNE V.

LES PRÉCÉDENS, *excepté* HAGARD ET QUIVALA.

GILLES-BANNAL.

Air : *Décacheter sur ma porte.*

Mais je n'y puis rien entendre,
Quoi vous allez les entendre,
Il peut vous en coûter

NON-CALMO.

N'importe, je veux les écouter,
Mais c'est pour leur faire entendre
Que je ne veux rien entendre.

GILLES-BANNAL.

A la bonne heure.

NON-CALMO.

En les attendant.-. Allons nous-en ! disposons tout pour la noce, et reprenons nos chants d'allégresses.

CHOEUR.

Chantons l'himen, etc.

(Ils sortent.)

SCÈNE V.

ROSE-MALADE, INUTILE.

ROSE-MALADE.

Viens chère Inutile, recevoir ma confidence sur la place publique.

INUTILE.

L'endroit est bien choisi, mais parlez, chère Rose-Malade.

ROSE-MALADE.

C'est mon nom, je le sais, écoute-moi.

INUTILE.

Je suis là, pour ça.

ROSE-MALADE.

Les Maîtres d'Ecole amis d'Ossian Cadet, viennent me réclamer.

INUTILE.

Oui, mais votre mariage avec Gilles-Bannal n'en est pas moins résolu.

ROSE-MALADE.

Je ne l'épouserai jamais, la gloire des hommes est d'être généreux, la gloire des femmes est d'être fidèles.

INUTILE.

Il y a bien des femmes qui ne sont pas glorieuses.

ROSE-MALADE.

J'ai encore bien des choses à te dire.

INUTILE.

J'écoute.

ROSE-MALADE.

Attends un petit moment.

(*Ritournelle de grand air d'opéra, suivi de l'*Air: *Ah! que je sens d'impatience.*

Ah! que je sens d'impatience,
Cher Patient de te revoir,
Du supplice de ton absence,
Je me console par l'espoir.
Oui mon âme ravie,
En dépit de l'envie,
Se souvient à jamais,
De tes bienfaits.
Oui grace à cet aimable masque,
Je sais lire, écrire, danser.
Chasser,
Dechasser,
Valser,
Balancer,
Je n'oublierai pas
Ses soins délicats. (*bis.*)

Je n'oublierai pas tout ce qu'il m'a montré, je n'oublirai pas qu'il a guidé mon enfance et dirigé mes premiers essais, sur-tout je n'oublierai pas que...

De basque, de basque,
Il m'a montré le pas.

J'entends du bruit.

INUTILE.

Ce sont les députés d'Ossian Cadet.

SCÈNE VI.

ARLEQUIN OSSIAN, Choeur de Maitres d'Ecole.

CHOEUR DE MAITRES D'ÉCOLES.

Air: *Dépéchons.*

Dépéchons, dépéchons-nous
Ossian sait feindre
Et nous n'avons rien à craindre.
(*bis.*) Dépéchons, dépéchons-nous,
Du fier Non-Calmo nous bravons le courroux.

(*Arlequin-Ossian paroît au milieu du chœur emvelopé dans un menteau.*)

ROSE-MALADE.

Que vois-je Ossian lui-même!

OSSIAN.

Rose-Malade.

ROSE-MALADE.

C'est vous.

OSSIAN.

C'est-moi.

INUTILE.

C'est lui.

ROSE-MALADE.

Ne disons rien.

OSSIAN.

Parlons tous bas.

ROSE-MALADE, (*récitatif.*)

« Non, ce n'est pas une erreur un vrai songe.

OSSIAN, (*récitatif.*)

« Non, de nos sens ce n'est point un mensonge.

INUTILE.

Non-Calmo va bientôt paroître.

ROSE-MALADE.

En ce cas dépéchons nous de causer.

OSSIAN.

Disons nous tout ce que nous avons dans l'esprit.

ROSE-MALADE.

Ce ne sera pas long; restez dans le fond vous autres.

DUO.

Air : *De la Fricassée.*

ROSE-MALADE.

Tendresse !

OSSIAN.

Ivresse !

ROSE-MALADE.

Amour !

OSSIAN.

Beau jour !

ROSE-MALADE.

Mon cœur !

OSSIAN.

Ma flamme !

ROSE-MALADE.

Ma langueur !

OSSIAN.

Et mon âme !

ROSE-MALADE.

Desir !

OSSIAN.

Plaisir!

ROSE-MALADE.

Mourir!

OSSIAN.

Martyr!

ROSE-MALADE.

Chagrin!

OSSIAN.

Destin!

ROSE-MALADE.

Beauté!

OSSIAN.

Félicité!

OSSIAN.

De mon côté le bonheur!

ROSE-MALADE.

Et de mon côté l'honneur!

OSSIAN.

Toi l'honneur!

ROSE-MALADE.

Moi le bonheur!

OSSIAN.

Honneur!

ROSE-MALADE.

Bonheur!

OSSIAN.

Honneur!

ROSE-MALADE.

Bonheur!

ENSEMBLE.

Toujours bonheur!

REPRISE.

Tendresse, etc.

ROSE-MALADE.

C'est assez chanter pour ne rien dire. Généreux maître d'école, mon père?..

OSSIAN.

Respire.

ROSE-MALADE.

Comment se porte-t-il.

OSSIAN.

Tout doucement.

ROSE-MALADE.

Et il m'a laissé là, depuis quinze-ans.

OSSIAN.

Il a des affaires apparament.

ROSE-MALADE.

Il est bien étrange que mon père mais abandonnée ; il ne sait donc pas les suites que cela peut-avoir.

OSSIAN.

Je crois qu'il s'en doute, mais c'est égal, je t'apporte de quoi te divertir.

ROSE-MALADE.

Que m'apporte tu ?

OSSIAN.

Des airs nouveaux.

ROSE-MALADE

Tu-as raison car j'aime la musique.

OSSIAN.

Je le crois bien.

Air : *Des deux Hermites.*

On ne peut jamais trop vanter
Les charmes de la mélodie. (*bis.*)
Aux doux accords de Polymnie,
Pluton ne sut pas résister,
Certain époux unique
Aux enfers poursuivit
La femme qu'il perdit,
Et qui la lui rendit ?
La musique. (*bis.*)

La musique produit chez nous
Des effets de plus d'un espèce (*bis.*)
Elle réveille une maîtresse
Et sait endormir un jaloux.
A maint drame lyrique
Le public se rendra.
Mais quand il dormira,
Qui le reveillera
La musique. (*bis.*)

ROSE-MALADE.

Mais, pour cela il faut qu'elle soit bonne.

OSSIAN.

Comme la mienne oh ! je me suis bien adressé.

Air : *L'amant qui triomphe.*

Si nous avons vu son auteur
Long-tems victime de l'envie,

Loin de l'éteindre, le malheur,
A su ranimer son génie.
C'est par un triomphe éclatant
Qu'il a dissipé les orages,
L'astre du jour est plus brillant
Quand il a percé les nuages.

QUIVALA, (*entrant.*)

Non-Calmo s'avance.

OSSIAN.

Qu'il vienné nous avons fini.

SCÈNE VII.

LES PRÉCÉDENS, NON-CALMO, GILLE-BANAL, COEUR D'OUVRIER.

NON-CALMO.

Députés d'Ossian, que demandez-vous.

OSSIAN.

Air : *J'ai du bon tabac.*

Je viens pour avoir la beauté si chère,
Qui pour Ossian à beaucoup d'appas.

NON-CALMO.

Ah! tu crois l'avoir,

OSSIAN.

Monsieur je l'espère,

NON-CALMO.

Ah! tu crois l'avoir, tu ne l'aura pas.

GILLE-BANAL.

Va porter nos refus.

OSSIAN, (*montant un gant.*)

Je ne te les porterai pas mais je t'apporte çà.

NON-CALMO, (*récitatif.*)

« Qu'est-ce que c'est que çà.

OSSIAN, (*jète le gant.*)

Un défi de la part d'Ossian.

NON-CALMO.

Tu as la parole... chante.

OSSIAN.

En ce cas je parle.

——La Guimbarde à causé nos discussions; qu'elle décide du sort de Rose-Malade, et que cette aimable personne soit le prix du concours entre Gilles-Banal et Arlequin-Ossian Cadet.

QUIVALA.

C'est trop juste.

GILLE-BANAL.

Y consentirons-nous.

NON-CALMO.

Oui mon fils, dispute le prix.

GILLE-BANAL.

Oh! je ne crains pas Ossian.

QUIVALA.

Air : *De la vigne à Claudine.*

Pourtant prenez y garde
Redoutez ce héros
Car en fait de Guimbarde
Il n'a pas de rivaux.

GILLES-BANAL.

Ne craignez rien mon père
Quoiqu'il puisse arriver
J'enjouerai de manière
A le faire sauver.

OSSIAN.

C'est ce que nous verrons.

NON-CALMO.

Députés d'Ossian, qu'on le fasse venir.

OSSIAN, (*jettant son manteau.*)

Il est devant-toi.

TOUS.

Devant nous.

OSSIAN.

Devant-vous.

NON-CALMO, (*bas*).

Modérons-nous.

GILLE-BANAL, (*bas*).

Calmons-nous.

NON-CALMO, (*bas*).

Ne disons rien.

GILLE-BANAL, (*bas*).

Faisons lui bonne mine.

NON-CALMO.

Quivala enmenez la fille de Motamore elle restera dans la manufacture jusqu'au moment ou le concours aura décidé de son sort.

ROSE-MALADE.

Oh ! ciel veilles sur Ossian Cadet, car je crains qu'il n'y ait quelque chose la-dessous.

(*Elle sort avec Quivala et Inutile.*)

GILLE-BANAL.

Gardez-là bien.

SCÈNE VIII.

LES PRÉCÉDENS *hors* QUIVALA, ROSE-MALADE, INUTILE.

NON-CALMO, (*à Ossian.*)

En attendant le concours je t'invite à dîner.

OSSIAN.

Volontiers car j'ai grand faim je vais venir avec tous mes amis.

NON-CALMO.

Le concours aura lieu dans la prairie du pont de bois, c'est-là que je t'attendrai.

OSSIAN.

Je m'y rendrai. (*Il sort avec les maîtres d'école.*

SCÈNE IX.

LES PRÉCÉDENS *hors* OSSIAN.

GILLE-BANAL.

Quoi ! vous l'invitez à dîner ?

NON-CALMO, (*récitatif.*)

Le piège est sous ses pas.

GILLE-BANAL.

Expliquez-vous.

Air : *Des bonnes gens.*

En commençant la fête
Par les plus joyeux ébats,
Pour couronner la fête,
Nous en viendrons aux combats.
Le bal finira la fête,
Et l'on voit de tems en tems
Les coups terminer la fête,
La fête des bonnes geus.

GILLE-BANAL.

Bien trouvé.

NON-CALMO.

Je vous instruirai de mon projet venez prendre vos battons à deux bouts.

TOUS.

Prenons-les.

NON-CALMO.

Air : *de Claudine.*

Le garant de notre gloire,
Est le bâton à deux bouts,
On est sûr de la victoire,
En dirigeant bien ses coups.

GILLES-BANNAL.

En fait de coups je soupçonne
Que nous aurons le dessus,
S'il se peut qu'ici j'en donne
Autant que j'en ai reçus. (*bis.*)

NON-CALMO.

N'oubliez pas l'invocation.

CHOEUR GÉNÉRAL.

Air : *O Fontenai.*

Toi qui reçus la valeur en partage,
Dieu des guerriers dirige nos exploits,
Il est permis de manquer de courage,
Quand on se bat pour la première fois.

(*Ils sortent sur l'air allez vous en gens de la nôce.*)

Fin du premier acte.

ACTE II.

Le théâtre change et représente, un lieu sauvage; une planche est placé dans le fond sur des rochers assez élevés et sert de pont.

SCENE PREMIÈRE.

MATAMORE, (*seul sortant des rochers.*)

Air : *J'ai perdû mon âne.*

J'ai perdu ma fille,
Naïve et gentille,
Partout je porte mes pas
Dites moi n'auriez-vous pas,
Rencontré ma fille. (*bis.*)

Personne

Personne ne dit mot. Qu'elle douce émotion j'éprouve en revoyant de loin cette manufacture ; elle appartient à un autre, mais c'est égal, je la revois, ça fait toujours plaisir!.. pour m'achever, j'apprends qu'on doit passer, sans mon consentement, le contrat de ma fille devant le notaire Anodin ; quand je songe à mon sort celà n'est pas gai.

Air : *Daignez m'épargner le reste.*

J'ai perdu mon bien, mon argent,
J'ai perdu ma manufacture,
J'ai perdu mon honneur, mon rang
On sait que cette perte est dure ;
Inquiet rêveur éperdu,
Victime d'un sort trop funeste,
J'ai perdu ce qui m'étoit du,
Grand dieux puisque j'ai tout perdu...
Ne me prenez pas le reste. (*bis.*)

Mais j'entends quelqu'un!.. moi qui ai la réputation d'être le plus Brave du canton; moi qu'on n'appelle pas pour rien Matamore ; montrons qui je suis.... Demi tour, à droite... Allons nous cacher.

(Il rentre dans les rochers.)

SCENE II.

ROSE-MALADE, et un GUIDE.

ROSE-MALADE, *(en habit de matelot.*

Vous croyez donc que je suis dans mon chemin et que je n'ai plus rien à craindre.

LE GUIDE.

Venez mademoiselle venez.

ROSE-MALADE.

Air : *Je vois toujours la même chose.*

Pour me sauver plus sûrement
Prenant une route inconnue,
Sous cet heureux déguisement,
Des hommes je veux fuir la vue,
Je les fuis, l'honneur me le dit,
Et je suis la loi, qu'il m'impose,
Mais je porte au moins leur habit,
Pour en conserver quelque chose.

LE GUIDE.

Mais pourquoi vous en aller avant le concours ?

ROSE-MALADE.

Veux-tu que je me repose sur la décision des arbitres que Non-Calmo choisira.

LE GUIDE.

Air : *Une fille est un Oiseau.*

Votre succès est certain,
Ne craignez point d'artifice,
Vous savez que la justice
Porte une balance en main.

ROSE-MALADE.

La peindre ainsi c'est prudence,
Mais moi je crois plus j'y pense,
Que quelquefois sa balance,
Au lieu de peser nos droits,
Sert à voir, quand elle est bonne,
Si dans l'argent qu'on lui donne
Tous les écus sont de poids.

Et c'est pour celà que tu me vois ici.

LE GUIDE.

C'est très-bien mais je ne puis aller plus loin, j'ai l'honneur de vous laisser là.

Air : *Nous sommes Précepteurs d'amour.*

Mon rôle ici touche à sa fin,
Je vous quitte quoiqu'avec peine.

ROSE-MALADE.

Un Guide du milieu du chemin,
Doit-il laisser les gens qu'il mène !

(*Le Guide sort.*)

SCÈNE III.

ROSE-MALADE, (*seule.*)

Ah ! çà maitenant par où irai-je, donnerai-je à droite !.. donnerai-je à gauche !.. j'ai quelque penchant pour donner à gauche ; comme l'on m'expose pourtant, je ne sais où j'arriverai, mais j'ai dans l'idée qu'il m'arrivera quelque chose. Et bien qu'est ce que je fais donc là, à causer toute seule au-lieu de m'en aller; on diroit que je veux leur donner le tems de me r'attrapper... Avançons...

(*Elle entre dans le rocher.*)

SCÈNE IV.

ROSE-MALADE, MATAMORE, (*en dehors.*)

MATAMORE.

Arrête.

ROSE-MALADE.

Crains pour toi.

MATAMORE.

Je t'assomme.

ROSE-MALADE.

Avance si tu l'oses.

MATAMORE.

Avance toi-même.

ROSE-MALADE, (*rentrant avec Matamore.*)

Prends donc garde je t'en prie; regarde mes cheveux, tu vois bien que je suis une femme.

(*Elle déroule ses cheveux.*)

MATAMORE.

C'est une femme!

ROSE-MALADE.

C'est égal.

DUO.

Air : *Croyez-vous à la magie.*

ROSE-MALADE.

Veux-tu m'arracher la vie

MATAMORE.

Qui, moi, non

ROSE-MALADE.

Ni moi,

MATAMORE.

Ni moi,

ROSE-MALADE.

Je n'en eu jamais l'envie,

MATAMORE.

Moi, non plus.

ROSE-MALADE.

Ni moi.

MATAMORE.

Ni moi.

ENSEMBLE.

Je vous en donne ma foi. (*bis.*)

MATAMORE.

Voulez-vous encore combattre.

ROSE-MALADE.

Non ma foi.

MATAMORE.

Ni moi.

ENSEMBLE.

Pourquoi nous a-t-on fait battre.

ROSE-MALADE.

Je ne sais.

MATAMORE.

Ni moi.

ROSE-MALADE.

Ni moi.

ENSÈMBLE.

Je n'en sais pas plus que toi.

MATAMORE.

Eh! bien voilà ce qui s'appelle un combat singulier.

ROSE-MALADE.

Je te remercie du petit service que tu m'a rendu en ne me tuant pas; mais pourquoi étais-tu là?

MATAMORE.

Je n'en sais rien.

ROSE-MALADE.

Que fait tu?

MATAMORE.

Je l'ignore.

ROSE-MALADE.

Où vas tu?

MATAMORE.

Revoir quelqu'un qui m'est bien chère.

ROSE-MALADE.

Et moi aussi, mon papa.

MATAMORE.

Ton papa, ciel!

ROSE-MALADE.

Oui, mon papa.

MATAMORE.

Qu'il est heureux ! dépêche-toi car il pleure peut-être, il va te revoir; où s'il est aveugle, il t'entendra... Où s'il est sourd, il te touchera, et il dira ! c'est elle !

ROSE-MALADE.

Ne soyez donc pas si sensible, ça me fait mal.

MATAMORE

Ce n'étoit pas mon projet.

ROSE-MALADE.

En ce cas, veux-tu encore me rendre un service ; je crains trop les hommes pour aller toute seule, donne moi le bras pour aller rejoindre mon pere Matomore.

MATAMORE, (*reculant.*)

Rose-Malade, ma fille ?

ROSE-MALADE, (*reculant.*)

Dieux !

MATAMORE.

Ciel !

ROSE-MALADE.

Quoi ?

MATAMORE.

Toi?

ROSE-MALADE.

Moi !

MATAMORE.

Viens.

ROSE-MALADE.

Où ?

MATAMORE.

Là !.....(*Elle tombe dans ses bras.*) Depuis quinze ans que je ne l'ai vue, comme elle est grandie. Inspiration du ciel !

Air : *De la piété filiale.*

Tout prêt à frapper mon enfant,
Je retiens ma main criminelle.

ROSE-MALADE.

De la tendresse paternelle,
Vous nous offrez un exemple touchant.
Moi dans ma fureur sans égale,
J'allais aussi frapper papa ;
Mais je m'arrête !..

MATAMORE.

Ah! je reconnais là,
Votre piété filiale.

ROSE-MALADE.

Mais dites-moi donc.....

MATAMORE.

On vient ; retirons-nous.

ROSE-MALADE.

Pourquoi vous en aller, ce sont peut-être des amis

MATAMORE.

Ne sommes nous pas malheureux!

Air : *Avec vous sous le même toît.*

Les amis ont un nouveau plan,
Et leur amitié trop légère,
Ressemble à l'ombre du cadran,
Qui suit l'astre qui nous éclaire ;
Notre destin qui les conduit,
Nous les donne ou nous les arrache ;
On les voit quand le soleil luit,
On ne les voit plus s'il se cache.

ROSE-MALADE.

Vous avez raison, mon père, allons nous-en.

MATAMORE.

Où ?

ROSE-MALADE.

Quelque part, ça ne fait rien. (*ils sortent.*)

SCÈNE V.

NON-CALMO, QUIVALA, CHOEUR DE NON-CALMO, CHOEUR DE FEMMES, *portant des tembours de basques.*

NON-CALMO.

Air : *d'Azémia.*

Ecoutez bien, ne dites rien ;
Faites preuve d'intelligence,
Que doucement chacun s'avance.
Bientôt j'espère tout ira bien.

TOUS.

Bientôt j'espère tous ira bien.

NON-CALMO.

Air : *De la Monaco.*

Songez à faire.
Adroitement.
Ce que je vous ai dit de faire,
Avec mystère,
Il faut gaiment,
Le conduire au piége en dansant.
Arlequin même nous seconde,
Convenons qu'il est bon enfant,
Il n'est pas comme tout le monde,
Il ne voit pas le dénouement.

CHOEUR, (*en densant et frapant du tambour.*)

(*Reprise.*)

Songeons à faire etc.

NON-CALMO.

Messieurs, il faut de la prudence.

CHOEUR, (*d'hommes*)

Laissez faire, tout ira bien.

NON-CALMO.

Mesdames il faut du silence.

LES FEMMES.

Sommes-nous donc ici pour rien.

(*Reprise, tous en chœur.*)

Songeons à faire, etc.

NON-CALMO.

J'entends Ossian-Cadet. Que chacun soit à son poste.

OSSIAN, (*en dehors jouant de la Guinbarde.*)

Air : *Et gai, gai.*

Eh ! gai, gai, mes bons amis,
La gaité vous est chère,
Et gai gai mes bons amis,
Bannissez les soucis.

NON-CALMO.

Il rit, c'est la manière,
Qu'il prend pour s'égayer.
Mais rira bien j'espère
Qui rira le dernier.

OSSIAN, (*en dehors.*)

Et gai, gai, mes bons amis.

NON-CALMO. *(et les siens.)*

Eh! gai, gai, mes bons amis,
Nous le tenons, j'espere,
Eh! gai, gai, mes bons amis,
Dans le piége il est pris.

SCENE VI.

LES PRÉCÉDENS, ARLEQUIN, *et ses maître d'école; Arlequin paraît prêt à passer le pont.*

UN BASQUE, *(de l'autre côté du pont.)*

Donnez-vous la peine de passer.

OSSIAN, *(s'arrêtant et mettant le pied sur laplanche.)*

Ah! ça c'est-il solide?

LE BASQUE.

Très-solide.

OSSIAN.

Ce n'est pas comme le pont de Misantropie?

NON-CALMO.

Gille-Banal, y passe tous les jours.

OSSIAN, *(passant.)*

En ce cas, c'est le pont aux ânes.

(Le Basque tire la planche après lui, et laisse les maîtres d'école de l'autre coté.)

CHOEUR.

Nous le tenons.

OSSIAN.

Eh! bien qu'est-ce que c'est donc, çà *(à Non-Calmo, récitatif.)* Je me livrais à toi!

Air. : *Quand un tendron.*

Ta conduite, on peut le penser,
N'est pas d'une âme franche.

NON-CALMO.

Pour les empêcher de passer,
J'ai fait ôter la planche.

OSSIAN.

Oh! oh! ah! ah!
Le joli moyen que voilà,
Faut pas être grand sorcier pour ça,
La, la.

CHOEUR.
Oh! oh! ah! ah!

OSSIAN, (*récitatif.*)
Tout se tait, tout frémit et la fête a cessé.

SCÈNE VI.

LES PRÉCÉDENS, GILLE-BANAL, ROSE-MALADE, ET MATAMORE.

GILLE-BANAL.
Je vous amène Rose-Malade, que j'ai attrappée.

ROSE-MALADE.
Je suis heureuse, pourvu que Ossian soit sauvé.

GILLE-BANAL.
Pas du tout c'est que le voilà.

ROSE-MALADE.
Ah! quel coup.... au moins mon papa est libre.

GILLE-BANAL.
Encore moins le voici.

ROSE-MALADE.
Coup sur coup.

MATAMORE.
Ah! ma fille, tu sais le refrein de ma chanson.

Air : *Réveillez-vous.*

« On doit compter sur la victoire.
« Quand on combat pour la vertu,
De la vôtre que dois-je croire,
Puis qu'aujourd'hui je suis battu!

ROSE-MALADE.
Ça ne dit rien.

QUIVALA, (*à Non-Calmo.*)
« Il est couché pour toi, le soleil de clémence.

NON-CALMO.

Air : *Ran, tan, plan, tire lire.*

Qu'on se saisise à l'instant,
En plein plan,
Ran, tan, plan, tire, lire,
En plan,
Qu'on se saisisse à l'instant,
Du couple qui me brave,
Sans craindre aucune entrave.
Mettez l'un à la cave,

L'antre au grenier sur-le-champ
En plein, plan, tire, lire,
En plan,
C'est un moyen très-prudent.

QUIVALA.

C'est bien d'un scandinave !

OSSIAN.

Dans un cas aussi grave,
D'amour toujours esclave,
Je veux te prouver vraiment
En plein, plan, tire, lire,
En plan,
Qu'on peut aimer constament,
Même au fond d'une cave.

TOUS.

Qu'on se saisisse à l'instant etc.

On les sépare, ils se rejoignent ce qui fait un débat comique; enfin on les emmène. Tous le monde sort. Le théâtre change, et représente une cave.

Fin du deuxième acte.

ACTE III.

Le Théâtre représente la cave.

SCÈNE PREMIÈRE.

OSSIAN CADET, (*seul.*)

Ils l'ont fait comme ils l'ont dit; me voilà en prison dans la cave : ils ont cru m'attrapper.

Air : *Vaudeville de oui et non.*

Souvent pour nuire on ne fait rien,
De ce qu'on auroit voulu faire,
Ils prennent un mauvais moyen
Que la vengeance leur suggère,
En m'enfermant dans ce manoir,
Sans doute leur raison se trouble,
Ils veulent m'empêcher d'y voir,
Mais en buvant, j'y verrai double.

(*Il fait le tour de la cave.*)

Quelle jolie collection! c'est bien commode pour un homme qui veut voyager sans se déplacer. (*Il tire du vin aux différens tonneaux.*) Quelle est cette province-ci? c'est la Bourgogne. Celle-ci? c'est la Champagne. Oh! la Hongrie! oh! la Martinique; me voilà au cap de Bonne-Espérance.

Air : *Du Ballet des Pierrots.*

Bien des gens à courir la terre,
Se fatiguent et jour nuit,
Je vais plus loin qu'eux, sans rien faire,
En tous lieux le vin me conduit.
Commodément je fais ma ronde,
Et de Bachus, suivant la loi,
Je ne fais pas le tour du monde,
C'est lui qui tourne autour de moi.

(*Après avoir fini de boire.*)

Récitatif.

« Il est un terme à la tempête,
« Il en est au plaisir, ma soif s'appaisera.

Cependant il me manque encore Rose-Malade. Ah! si je pouvais la rejoindre. Ils ont fermé la porte! Au reste, je suis bien ici, je ne crains personne. (*Il entend du bruit.*) Oh! ciel.

SCÈNE II.

OSSIAN, QUIVALA.

OSSIAN.

Air : *Chansonniers mes confrères.*

Quel bruit se fait entendre,
Et dans ces lieux veut-on me surprendre,
A quoi dois-je m'attendre,
Qui vient comme cela,
Quivalà!

QUIVALA, (*en dehors.*)
Quivala.

OSSIAN.

Quivalà.

QUIVALA, (*entrant.*)
Quivala?

O s s i a n, *(lui sautant au col.)*

Ah ! c'est Quivala qui vient ici !..

(Récitatif.)

« Quivala, se peut-il, mon ami, libre encore !

Q u i v a l a.

Oui, c'est une petite gaucherie qu'ils ont faite ; et que dis-tu de celle de m'avoir laissé pénétrer jusqu'ici ?..

O s s i a n.

Ils n'y auront pas pensé; mais pourquoi les maîtres d'école ne sont-ils pas venu me délivrer ?

Q u i v a l a.

Le tour du bâton leur a été fatal.

O s s i a n.

C'est étonnant ; il réussit à tant d'autres.

Q u i v a l a.

Rien n'est encore perdu, et s'ils te revoient, çà leur donnera du courage : prends mes habits pour sortir d'ici.

O s s i a n.

Quel dévouement ?

Q u i v a l a, *(chante).*

« Le plus heureux de tous,
« Crois que c'est Quivala.

Air : *Du vaudeville de Guillaume.*

Ami je veux te conserver la vie,
Et je prétends t'arracher au malheur,
Prends mon habit je t'en supplie,
Et sors de ce lieu plein d'horreur.

O s s i a n.

Je veux, dut-on me reconnoître,
M'envelopper dans ma vertu.

Q u i v a l a.

Pour bien des gens, vraiment ce seroit être,
Légèrement vêtu.

Prends toujours mon habit.

O s s i a n.

Je ne veux pas.

Q u i v a l a.

Je sais que le tien va bien à ta taille.

O s s i a n.

Tu es trop honnête; mais on me reconnoîtroit à la couleur de mon visage.

QUIVALA.

Tu ne veux pas?

OSSIAN.

Non.

QUIVALA.

Tu veux donc voir Matamore assommé?

OSSIAN.

Non.

QUIVALA.

Ta future! . . . .

OSSIAN.

Non.

QUIVALA.

Eh bien, laisse-moi prendre ta place, et va les secourir.

OSSIAN.

Je compromettrois mon ami!

QUIVALA.

Ce que nous disons là est bien beau, c'est dommage que cela ressemble à quelque chose de connu.

OSSIAN.

Pas du tout, cela n'y ressemble pas; les amis d'àprésent ne ressemblent pas plus à Oreste que les auteurs à Racine!

QUIVALA.

Tu ne veux donc pas m'entendre?

OSSIAN.

Non.

QUIVALA.

Eh bien, je ne te dis plus qu'un mot.

OSSIAN.

Lequel?

QUIVALA.

Adieu! (*il sort.*)

OSSIAN.

Bonjour.

SCENE III.

OSSIAN, (*seul.*)

Me voilà donc seul; je n'en suis pas fâché, car le vin que j'ai bu me donne quelque petite envie de dormir. C'est une très-jolie chose que le sommeil : c'est sur-tout à l'Opéra qu'on voit çà.

Faisons ce qu'on fait à l'Opéra.

(*Il s'endort, l'orchestre joue l'air Dodo.*)

SCENE IV.

OSSIAN, *endormi*, QUIVALA, LES MAITRES D'ECOLE, *plusieurs jeunes filles portant des guirlandes de fleurs.*

QUIVALA.

Je crois qu'il dort, avancez tout doucement.

Air : *Souvent la nuit.*

Toujours le soir quand il sommeille.
Nous voyons la foule acccourir,
Ah ! craignons qu'on ne le réveille,
Car il rêve à faire plaisir,
Dans ses rêves tout le seconde,
Et chacun me paroît d'accord,
Que c'est sur-tout lorsqu'il s'endort.
Qu'il sait réveiller tout le monde.

Il choisit assez mal son moment ; mais enfin puisqu'il n'a pas voulu sortir de la cave, et qu'il a trouvé qu'il était mieux de s'endormir sur les dangers de son beau-père et de sa maîtresse. Essayons de le distraire.

OSSIAN, (*rêvant.*)

Ah ! Rose-Malade ! . . . .

UN BASQUE.

Je crois qu'il se réveille.

QUIVALA.

Non pas, je crois qu'il rêve.

UN BASQUE.

Ecoutons, nous verrons bien.

OSSIAN, (*rêvant.*)

Je vois......

QUIVALA.

Qu'est-ce qu'il voit ?

OSSIAN.

Air ; *Du petit Matelot.*

Je vois sur un charmant théâtre,
Décor brillant, jeunes appas,
J'y vois un public idolâtre.

UN BASQUE.
Mais tu vois bien qu'il ne dort pas. (bis.)
OSSIAN.
De certain opéra qu'on cite,
Suivant l'intrigue sans effort,
J'y vois une sage conduite.
QUIVALA.
Mon ami tu vois bien qu'il dort. (bis.)

OSSIAN.

Même Air.

J'admire un chanteur que l'on vante
De l'entendre on n'est jamais las,
Sa méthode est pure et brillante,
UN BASQUE.
Mais tu vois bien qu'il ne dort pas. (bis.)
OSSIAN.
Des choristes, moi, je raffolle,
Ils ne chantent jamais trop fort,
On n'en perd pas une parole.
QUIVALA.
Mon ami tu vois bien qu'il dort. (bis.)

Puisqu'il dort, il faut que je lui fasse voir encore quelque chose.

UN BASQUE.

Quoi donc ?

QUIVALA.

Je vais lui faire voir les ombres.

UN BASQUE.

Comment çà ? quelles ombres ?

QUIVALA.

Les ombres chinoises. Voilà ma lanterne, tournons-la de son côté.

(*Il va prendre sa lanterne, que deux Basques ont apportée; il la place en face d'Ossian, et fait passer, sur les couplets suivans, différentes figures.*)

Air : *Lon lan la.*

Dans les airs, voyez-les passer,
Ces nymphes qui sont si légères,
Que lorsqu'on veut les voir danser,
On les voit à peine passer.

Même Air.

Doucement faisons-les passer,
Ces vestales imaginaires,
Dans les airs on les voit danser,
Mais sur terre il faut s'en passer.

(*Pendant ces couplets, les femmes figurent diverses passes autour d'Ossian, en l'entourant de leurs guirlandes.*)

QUIVALA, (*Après les couplets.*)
Maintenant, montrons-lui tous ses parens.

Air : *Du vaudeville de Pellegrin.*

Montrons lui l'Arlequin gourmand,
L'Arlequin folâtre et sensible,
L'Arlequin balourd et galant.

UN BASQUE.

Les réunir est impossible.

QUIVALA.

Mais je les ai tous sous la main,
Le même portrait les rassemble...
Et je vais lui montrer Carlin,
Pour les lui montrer tous ensemble.

(*Il fait paraître l'ombre de Carlin; Ossian tombe à genoux.*)

Je crois qu'il s'éveille, éloignons-nous.

(*Ils sortent tous.*)

SCENE V.

OSSIAN, (*seul, se réveillant.*)

Arrête, ombre chérie! — Eh bien, je ne vois plus personne! — Mais je crois que je rêvois. — Oui, je rêvois!

Air : *Ça n'ce peut pas.*

A travers le nuage sombre,
Et de la nuit et du sommeil,
J'ai crû pourtant distinguer l'ombre.
D'un acteur qui fut sans pareil,
J'ai vû sur la toile animée,
Ombres chinoises et lutins,
Enfin j'ai crû voir une armée....
De Séraphins! (*bis.*)

Mais j'apperçois Rose-Malade et son père.

SCÈNE VI.

SCÈNE VI.

OSSIAN, ROSE-MALADE, MATAMORE, NON-CALMO. CHOEURS.

OSSIAN.

Te voilà.

ROSE-MALADE.

Nous voilà.

MATAMORE.

Et voilà Non-Calmo, notre oppresseur, qui nous amène ici.

NON-CALMO.

Personne ne peut vous secourir, consentez à ce que Gilles épouse Rose-Malade, ou décidez-vous à rester dans la cave.

OSSIAN.

Le vin est tiré, il faut le boire! Nous restons!

SCÈNE VII.

LES PRÉCÉDENS, HAGARD.

HAGARD.

Grande nouvelle : un inconnu s'est mis à la tête dés maîtres d'école !

OSSIAN, (*à Rose-Malade.*)

Un inconnu; je le connais; je suis sûr que c'est Quivala.

HAGARD, (*à Non-Calmo.*)

Ils combattent les manufacturiers : ton fils a déjà reçus plus de cinquante férules.

NON-CALMO.

Ah ! mon pauvre Gilles, je vais à son secours.

(*Il sort avec Hagard.*)

OSSIAN.

Qu'on me rende mes armes, et si je m'en mêle, on verra ce que je sais faire.

ROSE-MALADE.

Dieux protégez Ossian et Matamore.

(*On entend une fanfare de guimbardes.*

OSSIAN, *récitatif.*

« Le son de la guimbarde annonce la victoire.

ROSE-MALADE, (*de même.*)

« Nous serions délivrés ; oh ! ciel puis-je le croire.

SCÈNE VIII et dernière.

LES PRÉCÉDENS, QUIVALA *masqué*, CHOEUR, *d'hommes et de femmes.*

UN BASQUE.

Amis, vous êtes libres, et voilà votre libérateur.

ROSE-MALADE.

Pourquoi donc se cache-t-il ?

OSSIAN, (*démasquant Quivala.*)

C'est à Quivala que nous devons çà.

QUIVALA, (*chante.*)

« Le plus heureux de tous, crois que c'est Quivala.

OSSIAN.

Tu ne te souviens pas de me l'avoir déjà dit, mais c'est égal remerçie-moi de ton bonheur, et si jamais je me trouve dans quelque danger je t'enverrai chercher.

QUIVALA.

Mes amis finissons comme nous avons commencés, chantons ?...

VAUDEVILLE.

Air : *Du Ballet des Pierrots.*

QUIVALA.

Le plus heureux en toutes choses,
Est celui qui vient le premier,
Le premier venu prend les roses,
Et l'épine reste au dernier.
Il en est ainsi chez Thalie,
Trop tard, hélas ! nous sommes nés,
Il faut glaner toute la vie,
La moisson fut pour nos aînés.

MATAMORE.

L'hymen de l'amour est le frère,
Mais l'amour naquit le premier,
Et dans les jardins de Cythère,
L'hymen ne vient que le dernier,

Tous deux ont part à l'héritage,
Mais l'hymen, souvent chagriné,
N'a que les fruits pour son partage,
Les fleurs sont toujours pour l'aîné.

ROSE-MALADE.

Nous savons tous que la nature;
Donne encore un frère à l'amour,
C'est l'amour-propre, et l'on assure,
Qu'avant l'autre, il reçut le jour.
À perdre en naissant, la lumière,
Le jeune amour fut condamné,
Aussi le voit-on sur la terre,
Souvent conduit par son aîné.

ARLEQUIN, (*au public.*)

Par un Public juste et sévère,
Ossian s'est vu couronné,
Moi sans vouloir blesser mon frère,
Sur ses erreurs j'ai badiné.
Malgré sa critique légère,
Le cadet seroit fortuné,
S'il pouvoit messieurs pour vous plaire,
Avoir le talent de L'AINÉ.

FIN.

www.ingramcontent.com/pod-product-compliance
Ingram Content Group UK Ltd.
Pitfield, Milton Keynes, MK11 3LW, UK
UKHW021043180726
13838UKWH00004B/1985

9 782329 358079